BEI GRIN MACHT SICH IHR WISSEN BEZAHLT

- Wir veröffentlichen Ihre Hausarbeit,
  Bachelor- und Masterarbeit

- Ihr eigenes eBook und Buch -
  weltweit in allen wichtigen Shops

- Verdienen Sie an jedem Verkauf

Jetzt bei www.GRIN.com hochladen und kostenlos publizieren

Bibliografische Information der Deutschen Nationalbibliothek:

Die Deutsche Bibliothek verzeichnet diese Publikation in der Deutschen National-
bibliografie; detaillierte bibliografische Daten sind im Internet über http://dnb.d-
nb.de/ abrufbar.

Impressum:

Copyright © 2015 GRIN Verlag, Open Publishing GmbH
Druck und Bindung: Books on Demand GmbH, Norderstedt Germany
ISBN: 978-3-668-02246-1

Dieses Buch bei GRIN:

http://www.grin.com/de/e-book/303917/geschaeftsprozessmodellierung-mittels-
der-epk-methode

Stefan Frings

Geschäftsprozessmodellierung mittels der EPK-Methode

Ereignisgesteuerte Prozesskette: „Kündigung eines Mitarbeiters"

GRIN Verlag

Assignment

Modul	GPM40: IT-Prozess-Management
Thema	Geschäftsprozessmodellierung mit EPK
Name	Stefan Frings

Inhaltsverzeichnis

Abbildungsverzeichnis 3

Abkürzungsverzeichnis 4

1.   Aufgabenstellung 5

2.   Business Process Management (BPM) 7

    2.1   Prozess 7

    2.2   Geschäftsprozessmanagement 7

    2.3   Ziele des Geschäftsprozessmanagements 8

    2.4   Das ARIS Konzept 8

3.   Ereignisgesteuerte Prozessketten (EPK) 10

    3.1   Ereignis 10

    3.2   Funktion 11

    3.3   Informationsobjekt 12

    3.4   Logische Operatoren 13

    3.5   Organisationseinheit 13

4.   Modellierung „Mitarbeiter kündigt" 14

5.   Schlussbetrachtung 19

    5.1   Vorteile der EPK Methode 19

    5.2   Nachteile der EPK Methode 20

    5.3   Zusammenfassung 21

Literaturverzeichnis 22

Abbildungsverzeichnis

Abbildung 1 ARIS Architektur 9

Abbildung 2 EPK Element: Ereignis oder Event 11

Abbildung 3 EPK Element: Funktion 11

Abbildung 4 EPK Element: Informationsobjekt 12

Abbildung 5 EPK Element: Logische Operatoren XOR, OR, AND 13

Abbildung 6 EPK Element: Organisationeinheit 13

Abbildung 7 EPK "Mitarbeiter kündigt" Teil 1 14

Abbildung 8 EPK "Mitarbeiter kündigt" Teil 2 15

Abbildung 9 EPK "Mitarbeiter kündigt" Teil 3 16

Abbildung 10 EPK "Mitarbeiter kündigt" Teil 4 17

Abbildung 11 EPK "Mitarbeiter kündigt" Teil 5 18

Abkürzungsverzeichnis

Abkürzung	Langtext
ARIS	Architektur integrierter Informationssysteme
BP	Business Process
BPM	Business Process Management
BPMN	Business Process Modelling Notation
Bspw.	Beispielsweise
Bzgl.	bezüglich
Bzw.	Beziehungsweise
d.h.	das heißt
eEPK	erweiterte Ereignisgesteuerte Prozesskette
EPC	Event-driven Process Chain
EPK	Ereignisgesteuerte Prozesskette
Ggf.	gegebenenfalls
GPM	Geschäftsprozessmanagement
i.d.R	In der Regel
Lt.	laut
OMG	Object Management Group
u.a.	unter anderem
u.U.	unter Umständen
Vgl.	vergleiche
z.B.	Zum Beispiel

1. Aufgabenstellung

Ziel dieses Assignments ist die Modellierung des Geschäftsprozesses „Kündigung eines Mitarbeiters" mittels einer Ereignisgesteuerten Prozesskette, sowie die Reflektion dieser Methode.

Für die nachfolgende Ausarbeitung wird die Modellierung des Geschäftsprozess „Kündigung eines Mitarbeiters" anhand der Methode der Ereignisgesteuerten Prozesskette (EPK) durchgeführt. Zu Beginn werden Grundlagen zu den Themen Business Process Management (BPM), siehe Kapitel 2, sowie Ereignisgesteuerten Prozessketten in Kapitel 3 vermittelt. Darauf aufbauend wird der vorgegebene Geschäftsprozess in Kapitel 4 anhand der zuvor beschriebenen Methode modelliert. Abschließend werden in Kapitel 5 die zuvor geschriebenen Informationen zusammengefasst sowie eine Bewertung der EPK-Methode vorgenommen.

Der Prozess „Kündigung eines Mitarbeiters" wird textuell wie folgt beschrieben:
Der Geschäftsprozess startet damit, dass ein Mitarbeiter kündigt. Das Kündigungsschreiben wird von der Personalabteilung (PA) entgegengenommen und an die Fachabteilung (FA) sowie die Geschäftsleitung (GL) weitergeleitet. Die Geschäftsleitung prüft an Hand des Kündigungsschreibens, ob Rückfragen zu der Kündigung vorliegen. Falls ja, wird der Mitarbeiter, der gekündigt hat, zu einem Gespräch gebeten, an dem auch Vertreter der PA, der FA und des Betriebsrats teilnehmen. Das Ergebnis dieses Gesprächs wird von Hand protokolliert, in ein Textdokument übernommen und dann in die Personalakte des Mitarbeiters getan.

Die PA führt eine Besprechung zum Anforderungsprofil der freigewordenen Stelle durch, an der auch die FA teilnimmt. Grundlage des Gesprächs ist die bisherige Stellenbeschreibung des Mitarbeiters. Falls beschlossen wird, das Anforderungsprofil bzgl. der freigewordenen Stelle zu verändern, wird dies durch die PA getan und es wird ein neues Anforderungsprofil erstellt, ansonsten bleibt es beim Alten.

Falls ein neues Anforderungsprofil erstellt wurde, wird dieses an die FA geleitet. Diese prüft, ob aus ihrer Sicht alles in Ordnung ist. Falls nein, wird die PA (Sachbearbeiter) kontaktiert und die Unstimmigkeit beseitigt. Die FA erstellt dann ein verändertes Anforderungsprofil. Danach muss dieses an die Leitung der PA zur Prüfung gegeben werden.

Obiger Abschnitt, der Durchgang des Anforderungsprofils durch die FA, kann auch mehrmals nötig werden. Er wird solange wiederholt, bis die abschließende Prüfung durch die PA (Leitung) positiv ausfällt.

Ist das Anforderungsprofil dann in seiner endgültigen Form, erfolgt in der PA die Festlegung der Instrumente, die zur Wiederbesetzung der Stelle genutzt werden. In Frage kommen Zeitungsinserate, das Arbeitsamt und ein interner Aushang. Welches Instrument genutzt wird, hängt von den jeweiligen Gegebenheiten ab. Sicher ist nur, dass mindestens eines immer genutzt wird. Abhängig vom gewählten Instrument wird eine Annonce entworfen und an die Zeitung geleitet (dabei werden frühere Annoncen genutzt), das Arbeitsamt angerufen oder das Anforderungsprofil ausgehängt.

2.   *Business Process Management (BPM)*

In der heutigen Zeit automatisieren Softwaresysteme mehr und mehr die Prozesse der täglichen Arbeit. Sie tragen somit ganz entscheidend zum Funktionieren von Unternehmen bei. Mittlerweile ist der reibungslose Ablauf eines Betriebes oder einer Organisation weitestgehend von der Zuverlässigkeit der Softwaresysteme abhängig, die zur Abwicklung der Geschäftsprozesse oder einzelner Aufgaben eingesetzt werden[1].

Daher hat sich in den Unternehmen eine Grundhaltung entwickelt, die das gesamte betriebliche Handeln als Kombination von Prozessen bzw. Prozessketten betrachtet. Dabei ist ein Prozess grundsätzlich eine Folge von wiederholt ablaufenden Aktivitäten mit messbaren Ein- und Ausgaben sowie einer messbaren Wertschöpfung.[2]

2.1   *Prozess*

Laut Mertens Lexikon der Wirtschaftinformatik „…kann ein Prozess vorgangsorientiert als die inhaltlich abgeschlossene, logische Abfolge der Funktionen definiert werden, der es zu Bearbeitung eines betriebswirtschaftlich relevanten Objekts bedarf. Mit einem Prozess ist ein Ziel verbunden, auf dessen Erreichung die einzelnen Funktionen und deren Abfolge hinzuwirken haben. Prozesse werden durch das Eintreten von einem oder mehreren Ereignissen initiiert und enden mit dem Erreichen eines oder mehrerer Endzustände.“[3]

2.2   *Geschäftsprozessmanagement*

Zur Umsetzung der Prozessorientierung dient das Geschäfts-prozessmanagement (GPM) oder auch Business Process Management (BPM) genannt. Hierunter versteht man die einheitliche und vollumfängliche Gestaltung der Geschäftsprozesse eines Unternehmens. Dabei wird der

---

[1] Vgl. [Spillner] (2005), S. 1

[2] Vgl. [Kamiske] (2008), S. 59

[3] Siehe [Mertens] (2001), S. 388

Fokus nicht allein auf die effiziente Ausrichtung der Prozesse gelegt, sondern auch auf die Einbindung in das Unternehmen und seine strategische Ausrichtung.[4] Das BPM umfasst demnach planerische, organisatorische und kontrollierende Maßnahmen zur zielorientierten Steuerung der Geschäftsprozesse eines Unternehmens hinsichtlich Qualität, Zeit, Kosten und Kundenzufriedenheit.[5]

2.3 Ziele des Geschäftsprozessmanagements

Wie im vorangegangenen Kapitel bereits beschrieben, ist ein Ziel des Prozessmanagements, die operative Prozessdurchführung effektiv und effizient zu gestalten und den wechselnden Marktbedingungen ständig anzupassen.[6]

Bei der optimalen Gestaltung von Geschäftsprozessen werden lt. Lassmann die Ziele zur Steigerung der Prozesseffizienz, des Kundennutzens und der Transparenz verfolgt.[7]

2.4 Das ARIS Konzept

ARIS bedeutet „Architektur integrierter Informationssysteme" und ist eines der bekanntesten Konzepte für die Beschreibung und Gestaltung von Geschäftsprozessen. Durch die Zerlegung der Geschäftsprozesse in verschiedene Sichten und Modellebenen wird deren Komplexität reduziert.

In ARIS werden folgende Sichten unterschieden[8]:

- Organisationssicht: beschreibt die Aufbauorganisation eines Unternehmens sowie die Funktionsverantwortlichkeiten
- Datensicht: beschreibt die Informationsobjekte eines Unternehmens und dessen Umfelds sowie deren Beziehungen untereinander

---

[4] Vgl. [Lackes_B]
[5] Vgl. [Kamiske] (2008), S. 59ff
[6] Vgl. [Mertens] (2001), S. 387
[7] Vgl. [Lassmann] (2006), S. 299
[8] Vgl. [Lassmann] (2006), S.310

- Funktionssicht: stellt die Zusammensetzung von aggregierten Funktionen i.d.R. als Baumstruktur dar
- Leistungssicht: erfasst die wichtigsten Leistungen eines Prozesses

Die Modellebene setzt sich aus folgenden Schichten zusammen[9]:

- Fachkonzept: beschreibt die inhaltlichen Anforderungen an einen Geschäftsprozess
- IT-Konzept: beinhaltet einen Bauplan bzw. Vorgaben für die einzusetzenden technischen Mittel
- Implementierung: beschreibt die Umsetzung mit konkreten technischen Mitteln

In Abbildung 1 sind die Modellebenen und Sichten des sogenannten „ARIS Haus" dargestellt.

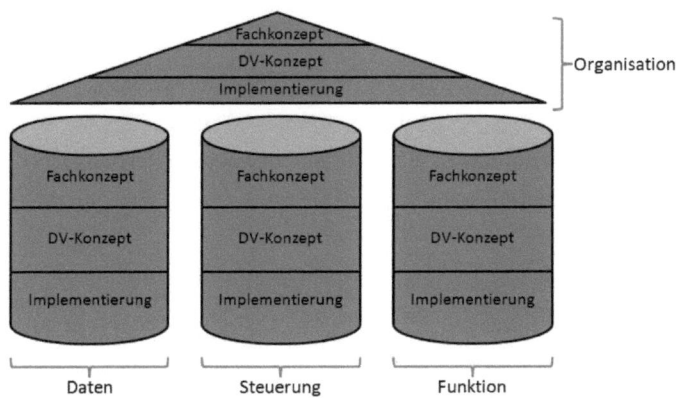

Abbildung 1 ARIS Architektur[10]

Für die nachfolgende Arbeit ist vor allem die Steuerungssicht relevant. Diese beinhaltet Prozessmodelle, die hauptsächlich mittels Ereignisgesteuerten Prozessketten (EPK) modelliert werden.[11] Im folgenden Kapitel wird die Darstellungsvariante durch EPKs näher beschrieben.

---

[9] Vgl. [Lassmann] (2006), S. 309

[10] Vgl. [Staud] (o.J.), S. 18 Abb.2

[11] Vgl. [Staud] (o.J.), S. 18

3. Ereignisgesteuerte Prozessketten (EPK)

Wie bereits im vorherigen Kapitel erwähnt, erfolgt die Notation der Steuerungssicht als Ereignisgesteuerte Prozesskette (engl. Event-driven Process Chain).

Eine EPK ist lt. dem Gabler Wirtschaftslexikon „ein Entwurfsmodell zur Abbildung von Abläufen und Vorgängen. Grundelemente einer ereignisgesteuerten Prozesskette sind Ereignisse und dadurch ausgelöste Funktionen, die durch logische Operatoren miteinander in Beziehung gesetzt werden. Neben Ereignissen als Ergebnis von Funktionen können Datenobjekte als Ein- und Ausgabe der Funktionen modelliert werden, die über Informationsobjekte erhältlich sind."[12]

Abhängig vom jeweiligen Verwendungszweck kann es sinnvoll sein, dass ein Prozessmodell zusätzlich zu den Ereignissen und Funktionen noch um Input und Output (Datensicht), die für die Funktionsausführung zuständigen Organisationseinheiten (Organisationssicht), externe Partner sowie die eingebundenen Anwendungs- und Datenbanksysteme erweitert wird.[13] Ist dies der Fall, spricht man von einer „erweiterten Ereignisgesteuerten Prozesskette" (eEPK).[14]

In den nachfolgenden Kapiteln werden die Basiselemente, sowie deren Darstellung, einer EPK näher beschrieben.

3.1 Ereignis

Nach Scheer[15] repräsentieren Ereignisse oder auch Events u.a. das Ergebnis der Zustandsänderung von Informationsobjekten, auf die mit Funktionen reagiert werden muss. Ereignisse beeinflussen und steuern auf diese Weise die Prozessabläufe im Unternehmen. Somit steht am Anfang

---

[12] Siehe [Lackes_A]

[13] Vgl. [Mertens] (2001), S. 388

[14] Vgl. [Lassmann] (2006), S. 312

[15] Vgl. [Scheer_A] (1993), S. 5

jedes Geschäftsprozesses ein Startereignis und am Ende ein Schlussereignis.[16]

Ein Event bzw. Ereignis wird in einer EPK als Sechseck dargestellt.

Abbildung 2 EPK Element: Ereignis oder Event[17]

Basierend auf der textuellen Beschreibung des „Mitarbeiter kündigt"-Prozesses ist erkennbar, dass das Startereignis für den Geschäftsprozess die Kündigung des Mitarbeiters ist.

3.2 Funktion

Anhand von Funktionen werden die in einem Geschäftsprozess zu leistenden Arbeiten erfasst. Dazu wird die Gesamtaufgabe des Geschäftsprozesses in einzelne Teilaufgaben zerlegt[18].

Nach der Frauenhofer Gesellschaft[19] steht eine Funktion für einen bestimmten Ablauf oder Auftrag, welcher durch eine bestimmte Person durchgeführt wird und einen gewissen Input benötigt, um einen Zustand zu erreichen und um möglicherweise einen definierten Output zu erzeugen.

Funktionen werden als Quadrat mit abgerundeten Ecken dargestellt.

Abbildung 3 EPK Element: Funktion

---

[16] Vgl. [Staud_A] (o.J.), S. 22f

[17] Vgl. [Frauenhofer] - gilt auch für die folgenden Abb. 3-6

[18] Vgl. [Staud_B] (2006), S. 60

[19] Vgl. [Frauenhofer]

In der Aufgabenstellung sind viele Funktionen enthalten, welche je nach Detaillierungsgrad dargestellt werden können. Bspw. sei an dieser Stelle die Funktion „Mitarbeitergespräch führen" genannt. An der Durchführung dieser Funktion sind mehrere Organisationseinheiten (siehe Kapitel 3.5) beteiligt und als Output wird das „Gesprächsprotokoll" erzeugt.

3.3 Informationsobjekt

Lt. Scheer[20] ist ein Informationsobjekt ein von den Aktionsträgern semantisch zu beschreibender und identifizierbarer Sachverhalt. Informationsobjekte stellen Mengen realer oder abstrakter Dinge dar, die für ein Unternehmen von Interesse sind.

D.h. benötigen meist Informationen als Input und erzeugen ggf. auch Informationen als Output. I.d.R. liegen diese Informationen in digitaler oder analoger Form vor. Einer der häufigsten Optimierungsansätze ist der Ersatz der analogen durch digitale Informationen zur Steigerung der Automatisierung eines Prozesses.[21]

Ein Informationsobjekt wird in einer EPK durch ein Quadrat dargestellt:

Abbildung 4 EPK Element: Informationsobjekt

Aus der Aufgabenstellung lassen sich bspw. die Informationsobjekte Kündigungsschreiben, Gesprächsprotokoll, Personalakte und Anforderungs-profil ableiten.

---

[20] Vgl. [Scheer_B] (1992), S. 9

[21] Vgl. [Staud_B] (2006), S. 65

3.4   Logische Operatoren

Logische Operatoren werden benutzt um Funktionen und Events zu verbinden oder um folgendes abzubilden[22]:

- XOR wenn bei Entscheidungen oder Optionen nur EINE der angegebenen Optionen möglich sein soll

- OR wenn bei Entscheidungen oder Optionen mehrere Optionen möglich sind

- AND wenn eine parallele Ausführung von Funktionen erforderlich ist

Abbildung 5 EPK Element: Logische Operatoren XOR, OR, AND

3.5   Organisationseinheit

Organisationseinheiten stehen für Rollen oder Personen, die verantwortlich für bestimmte Funktionen sind.[23] Die Verbindung von Funktion und Organisationseinheit ist richtungslos und bedeutet, dass diese Funktion durch Mitarbeiter der angegebenen Organisationseinheit durchgeführt wird[24]. Organisationseinheiten werden wie in Abbildung 6 als Ellipse dargestellt:

Abbildung 6 EPK Element: Organisationeinheit

Bezogen auf die Aufgabenstellung ergeben sich unter anderem die Organisationseinheiten Personalabteilung (PA), Fachabteilung (FA), Geschäftsleitung (GL), Betriebsrats (BR) und Mitarbeiter (MA).

---

[22] Vgl. [Frauenhofer]

[23] Vgl. [Frauenhofer]

[24] Vgl. [Staud_B] (2006), S. 64

4.   Modellierung „Mitarbeiter kündigt"

Wie in der Einleitung bereits beschrieben, soll aus einem textuellen Sachverhalt, welcher zu den informalen Methoden gehört, eine Ereignisgesteuerte Prozesskette, welche zu den formalen Methoden gehört, erstellt werden.

Das folgende EPK-Modell wurde mithilfe des Tools ARIS Express[25] modelliert.

In den nachfolgenden Abbildungen werden die im vorherigen Kapitel definierten Elemente zusammengefügt und somit der Prozess „Mitarbeiter kündigt" vollständig dargestellt.

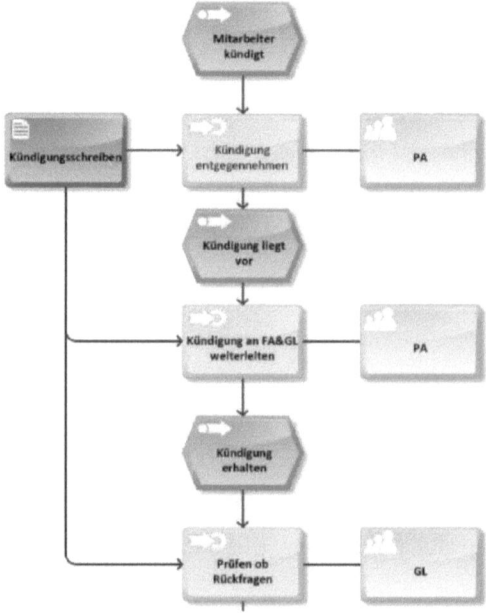

Abbildung 7 EPK "Mitarbeiter kündigt" Teil 1

Wie in Kapitel 3.1 beschrieben, startet die EPK mit dem Ereignis „Mitarbeiter kündigt". Diesem Event folgt die Funktion „Kündigung entgegennehmen"

---

[25]http://www.ariscommunity.com/aris-express - gilt auch für die folgenden Abb. 8-11

durch die Organisationseinheit Personalabteilung (PA). Input für diese Funktion ist das Informationsobjekt „Kündigungsschreiben". Im Anschluss daran erfolgt die Verteilung des Schreibens an die Fachabteilung (FA) und die Geschäftsleitung (GL).

Im nächsten Teilschritt (Abb. 8) prüft die Geschäftsleitung ob es Rückfragen zur Kündigung gibt. Mögliche Ergebnisse sind „Rückfragen vorhanden" oder „keine Rückfragen vorhanden". Wobei nur exakt eine der beiden Varianten möglich ist. Daher wird ein „Exclusive OR" (Kap. 3.4) zur Modellierung verwendet. Beide Prozesspfade enden bei derselben Funktion, der „Besprechung des Anforderungsprofils" durch die Fach(FA)- und Personalabteilung (PA) auf Basis der bisherigen Stellenbeschreibung.

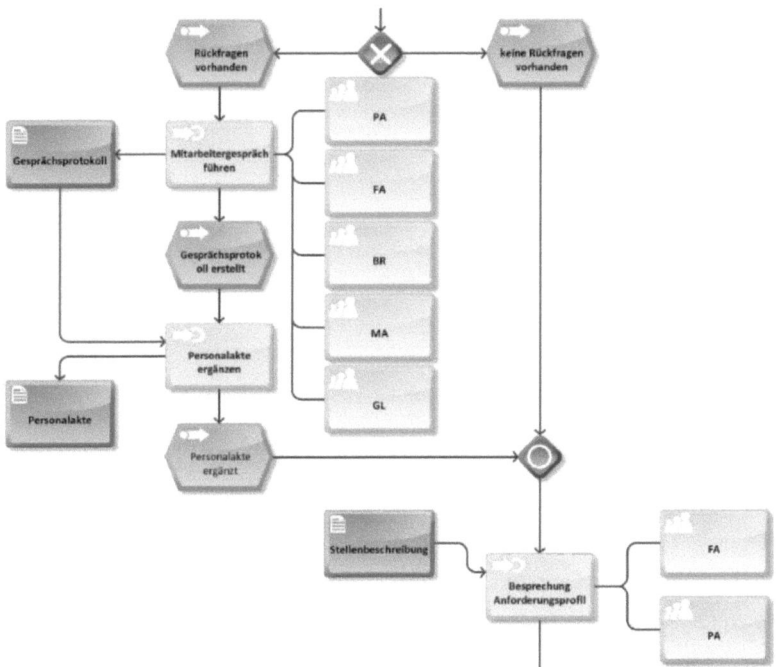

Abbildung 8 EPK "Mitarbeiter kündigt" Teil 2

An diesem Schritt werden erneut zwei Ergebnisse unterschieden („Anpassung erforderlich" bzw. „keine Anpassung"), von denen exakt eins zutreffen muss. Ist keine Anpassung des Anforderungsprofils erforderlich, so kann direkt mit der Ausschreibung der vakanten Stelle begonnen werden (siehe Abbildung 11). Sind jedoch Anpassungen erforderlich, so wird, wie in Abbildung 9 dargestellt, auf Basis des alten Profils durch die Personalabteilung ein neues Anforderungsprofil erstellt und an die Fachabteilung zur Prüfung weitergeleitet.

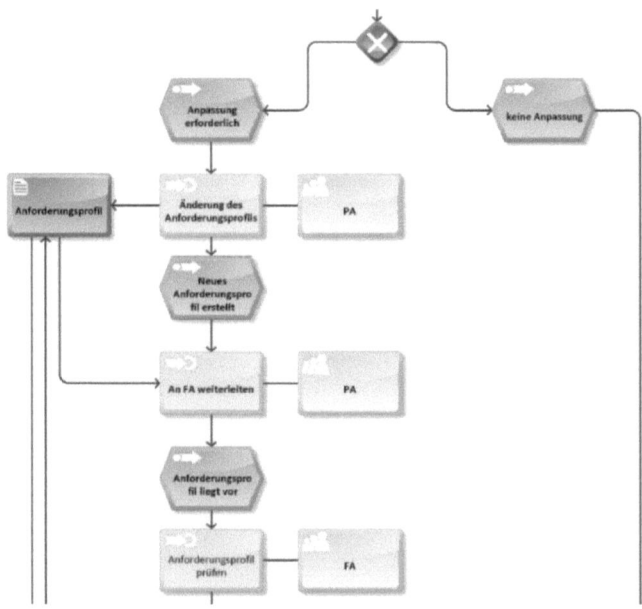

Abbildung 9 EPK "Mitarbeiter kündigt" Teil 3

Abbildung 10 zeigt, dass hier wieder zwei Ergebnisse unterschieden werden, von denen exakt eines zutreffen muss.

Ist das Profil in Ordnung, so kann direkt mit der Ausschreibung der freiwerdenden Stelle begonnen werden (siehe Abbildung 11). Ist dies nicht der Fall, so klärt der Sachbearbeiter der Personalabteilung (PA) die Unstimmigkeiten mit der Fachabteilung (FA). Von der FA ist dann das erneut aktualisierte Anforderungsprofil an die Leitung der PA zur Prüfung vorzulegen. Dieser Teilprozess wiederholt sich so lange, bis das Profil durch die abschließende Kontrolle freigegeben wird.

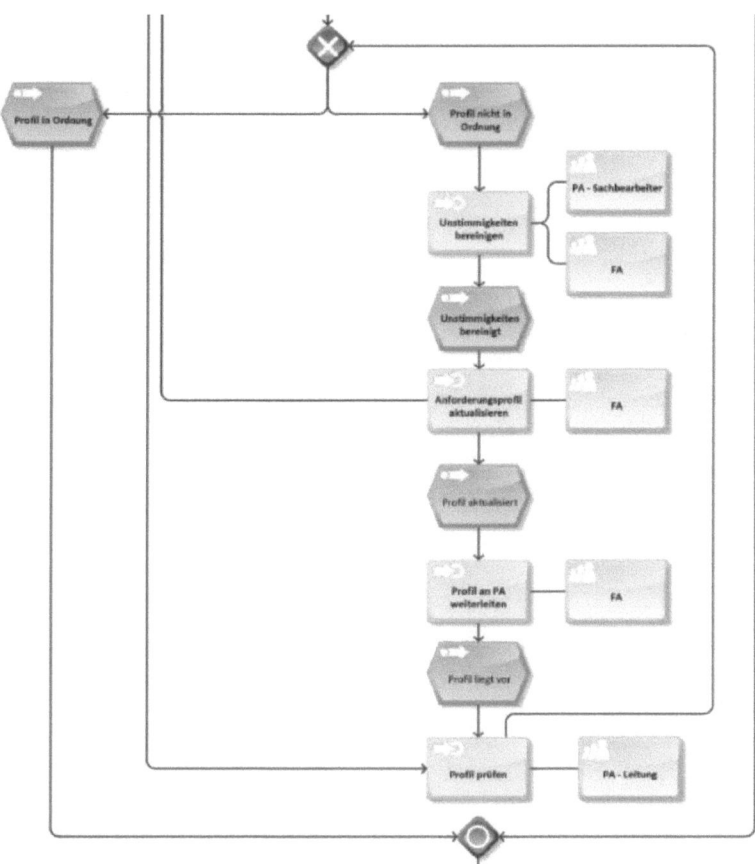

Abbildung 10 EPK "Mitarbeiter kündigt" Teil 4

Im letzten Prozessschritt (Abbildung 11) entscheidet die Personalabteilung, wie die freigewordene Stelle ausgeschrieben werden soll. In diesem Fall handelt es sich nicht um ein „exklusives Oder", da mindestens eine und maximal alle der Varianten umgesetzt werden können. Das abschließende Ereignis ist für alle Funktionen „Stelle ausgeschrieben".

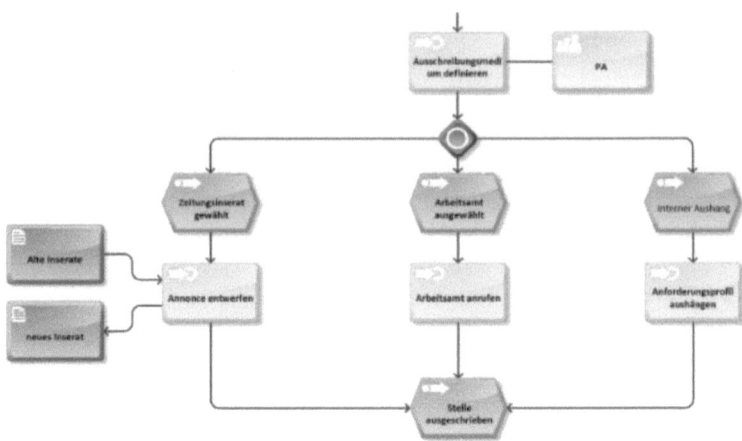

Abbildung 11 EPK "Mitarbeiter kündigt" Teil 5

5.   Schlussbetrachtung

Abschließend werden in diesem Kapitel die Vor- und Nachteile der Modellierung mittels Ereignisgesteuerten Prozessketten dargestellt. Im Anschluss daran wird eine Schlussbetrachtung des Assignments vorgenommen.

5.1   Vorteile der EPK Methode

EPKs erlauben, mithilfe der vorgegebenen Elemente, eine leicht zu verstehende grafische Darstellung von Geschäftsprozessen. Zudem ermöglichen sie die Abbildung von Kontrollflüssen, Nebenläufigkeiten, Verzweigungen und Schleifen, sowie der für eine Tätigkeit notwendigen Organisationseinheiten und Informationsobjekte[26].

Der Einsatz von EPKs ermöglicht auch die abstrahierte Darstellung von Prozessen mit vielen Teilschritten. Diese können in mehreren Ebenen hierarchisch dargestellt werden. Beispielhaft sei hier der Prozess aus der Aufgabenstellung aufgeführt. Hier kann der Teilprozess der Anforderungserstellung in einen eigenen Teilgeschäftsprozess ausgelagert werden und in den Hauptprozess eine Referenz eingefügt werden.

So muss die Anforderungserstellung nicht in jeder EPK erneut skizziert werden, sondern kann auch in anderen Modellen wie „Neueinstellung eines Mitarbeiters" verwendet werden.

Der Vorteil dabei ist, dass so Redundanzen durch Wiederverwendung von Teilprozessen, die in mehreren Geschäftsprozessen enthalten sind, vermieden werden[27].

Ein weiterer Vorteil ist der Einsatz von EPKs in zahlreichen Standardsoftwaresystemen. Beispielhaft sei hier SAP/R3 genannt. Hier sind rund 1100 der vorgedachten Geschäftsprozesse mittels Ereignisgesteuerter Prozessketten beschrieben[28].

---

[26] Vgl. [Staud_B] (2006), S. 59

[27] [Frauenhofer]

[28] Vgl. [Staud_B] (2006), S. 252

Für die Modellierung von EPKs steht eine Reihe von Tools zur Verfügung. An dieser Stelle sei auf das Modellierframework ARIS Express verwiesen, welches auch zur Modellierung des in der Aufgabenstellung beschriebenen Geschäftsprozesses genutzt wurde. Hierbei handelt es sich um ein auf der ARIS Webseite frei beziehbares Programm[29].

Seit der Erweiterung der klassischen EPK um organisatorische sowie informationstechnische Aspekte, ist eine durchgängige Betrachtung von Prozessen sowohl unter betriebswirtschaftlichen Fragestellungen als auch hinsichtlich ihrer Unterstützung durch Informationssysteme möglich.[30]

5.2   Nachteile der EPK Methode

Aufgrund der nicht immer eindeutig spezifizierten Bedeutung mancher Konstrukte erfordert deren Einsatz zuerst die Erstellung einer Modellierungskonvention für den entsprechenden Anwendungsbereich.

Dies ist mit einem erheblichen Aufwand verbunden, sollen diese auch für Nicht-IT-Fachleute verständlich sein.

Sollen die vorhandenen Modelle für weitere Anwendungsbereiche genutzt werden, wie z.B. für WFM oder Simulation, so müssen diese Modelle u.U. grundsätzlich überarbeitet werden. Auch wenn die Grundelemente der EPK schnell erklärt und leicht zu verstehen sind, ist für die Erstellung aussagekräftiger EPK-Modelle dennoch ein nicht unbeträchtlicher Schulungs- und Einarbeitungsaufwand erforderlich [31].

Der schwerwiegendste Nachteil der EPK, welche eher im deutschsprachigen Raum Verbreitung findet, ist, dass sie seit der Standardisierung der Modelliermethode BPMN durch die Object Management Group (OMG) gerade in internationalen Unternehmen ersetzt wurde. Da allein der Mehrwert durch einen einheitlichen Standard für die Unternehmen einen großen Anreiz zum Umstieg darstellt.[32]

---

[29] http://www.ariscommunity.com/aris-express

[30] Vgl. [Allweyer] (2005), S. 182

[31] Vgl. [Allweyer] (2005), S. 183

[32] Vgl. [Freund] (2012), S. 9

5.3 Zusammenfassung

Ziel dieses Assignments war es, einen Einblick in das Thema Modellierung mit der Methode EPK anhand eines Fallbeispiels zu vermitteln. Hierzu wurden in den Kapiteln zwei und drei zunächst die Grundlagen zum Thema Geschäftsprozessmanagement und Ereignisgesteuerten Prozessketten beschrieben. Im darauffolgenden Kapitel wurde, anhand der zuvor definierten Basiselemente einer EPK, der Prozess „Mitarbeiter kündigt" in einer EPK dargestellt. Im Abschlusskapitel erfolgte eine Aufzählung der Vor- und Nachteile dieser Methode.

Zusammenfassend betrachtet, bietet der Einsatz von EPK's den Vorteil die Geschäftsprozesse eines Unternehmens auf eine leicht verständliche Art und Weise grafisch darzustellen, wobei der Fokus auf der fachlichen und nicht auf der technischen Darstellung liegt. Hierzu bieten sich andere Modellierungsmethoden, wie zum Beispiel BPMN (Business Process Modelling Notation) an.

Für ein Unternehmen welches sich neu mit der Thematik der Geschäftsprozessmodellierung beschäftigt, ist eine Erstbestandsaufnahme der Unternehmensprozesse mittels EPK ein guter Ansatz. Da auf diese Art und Weise auf einem schnellen Weg ein leicht verständliches Unternehmensmodell entsteht. Seit Einführung der erweiterten EPK können auch Zuständigkeiten und Informationsflüsse integriert werden.

Möglicherweise empfiehlt es sich jedoch direkt auf eine standardisierte Methode wie BPMN 2.0 zu setzen, um somit ggf. anfallende Migrations- oder intern anfallende Standardisierungsaufwände zu vermeiden.

Literaturverzeichnis

[Allweyer] Allweyer, Thomas (2005)

Geschäftsprozessmanagement: Strategie, Entwurf, Implementierung, Controlling, Herdecke, W3L-Verlag Bochum

[Frauenhofer] Fraunhofer Gesellschaft zur Förderung der angewandten Forschung e.V. (2007): EPK-Modellierung, Online verfügbar unter: http://re-wissen.iese.fhg.de/opencms/Wissen/Techniken/EPK-Modellierung.html, Abgerufen am 21.01.2015

[Freund] Freund, Jakob; Rücker, Bernd

Praxishandbuch BPMN 2.0, Carl Hanser Verlag München Wien, 3. Auflage

[Kamiske] Gerd F. Kamiske; Jörg-Peter Brauer (2008)

ABC des Qualitätsmanagements, Carl Hanser Verlag München

[Lackes_A] Lackes, Richard; Siepermann, Markus (o.J.): Gabler Wirtschaftslexikon, Stichwort: ereignisgesteuerte Prozesskette, Online verfügbar   unter http://wirtschaftslexikon.gabler.de/Archiv/74890/ereignisgesteuerte-prozesskette-v9.html, Abgerufen am 21.01.2015

[Lackes_B] Lackes, Richard; Siepermann, Markus (o.J.): Gabler Wirtschaftslexikon, Stichwort: Geschäftsprozessmanagement, Online verfügbar   unter: http://wirtschaftslexikon.gabler.de/Archiv/1057697/geschaeftsprozessmanage ment-v4.html, Abgerufen am 02.03.2015

[Lassmann] Wolfgang Lassmann (2006)

Wirtschaftsinformatik, Gabler Verlag Wiesbaden

[Mertens] Peter Mertens (2001)

Lexikon der Wirtschaftsinformatik, Springer Verlag Berlin Heidelberg

[Scheer_A] Scheer, A.-W.; Hoffmann, W.; Kirsch, J. (1993)

Modellierung mit Ereignisgesteuerten Prozeßketten, Heft 101

[Scheer_B] Scheer, A.-W.; Keller, G.; Nüttgens, M. (1992)

Semantische Prozeßmodellierung auf der Grundlage „Ereignisgesteuerter Prozeßketten (EPK)", Universität des Saarlandes, Saarbrücken, Heft 89

[Spillner] A. Spillner, T. Linz (2005)

Basiswissen Softwaretest, 3.Auflage, Berlin

[Staud_A] Josef L. Staud (o.J.)

Geschäftsprozessmodellierung ANS102, AKAD Bildungsgesellschaft

[Staud_B] Josef L. Staud (2006)

Geschäftsprozessanalyse, Springer-Verlag Berlin Heidelberg 3. Auflage